BULLETIN OFFICIEL

MINISTÈRE DE LA GUERRE.

ÉDITION MÉTHODIQUE.

SERVICE INTÉRIEUR

DES CORPS DE TROUPE

Supplément arrêté à la date du 31 Décembre 1912.

PARIS

Henri CHARLES-LAVAUZELLE

Éditeur militaire

10, Rue Danton, Boulevard Saint-Germain, 118

(MÊME MAISON A LIMOGES)

1913

BULLETIN OFFICIEL
DU MINISTÈRE DE LA GUERRE.

ÉDITION MÉTHODIQUE.

SERVICE INTÉRIEUR

DES CORPS DE TROUPE

Supplément arrêté à la date du 31 décembre 1912.

PARIS
Henri CHARLES-LAVAUZELLE
Éditeur militaire
10, Rue Danton, Boulevard Saint-Germain, 118

(MÊME MAISON A LIMOGES)

BULLETIN OFFICIEL
DU MINISTÈRE DE LA GUERRE.

ÉDITION MÉTHODIQUE.

SERVICE INTÉRIEUR DES CORPS DE TROUPE

Décret modifiant le décret du 25 mai 1910 portant règlement sur le service intérieur des corps de troupe.

(Cabinet du Ministre; Bureau de la Correspondance générale.)

Paris, le 6 mai 1911.

DÉCRET.

Le Président de la République française,

Vu le décret du 25 mai 1910, portant règlement sur le service intérieur des corps de troupe;

Sur la proposition du Ministre de la guerre,

Décrète :

Art. 1er. Le chapitre XXXIX (artillerie) du décret du 25 mai 1910 sur le service intérieur des corps de troupe est complété par un article additionnel ainsi conçu :

« Droit de punir dans les établissements de l'artillerie.

« *Art.* 237 bis. Le droit de punir est exercé dans les établissements de l'artillerie, conformément aux dispositions suivantes :

« Les punitions des officiers ne peuvent être prononcées que par le chef de l'établissement; celles des hommes de troupe sont prononcées par le chef de l'établissement, les sous-directeurs et les chefs des différents services.

« Les chefs d'établissement ont, en matière de punition, les droits du colonel; les sous-directeurs, ceux du commandant de groupe; les chefs de service, ceux du commandant d'unité.

« Dans les commissions présidées par un officier général, les droits du colonel, en ce qui concerne les punitions des hommes de troupe, sont attribués à l'officier supérieur le plus ancien.

« Le droit de punir est exercé par les autorités susvisées à l'égard des militaires mis d'une manière permanente à leur disposition. »

Art. 2. Le Ministre de la guerre est chargé de l'exécution du présent décret.

Fait à Paris, le 6 mai 1911.

A. FALLIÈRES.

Par le Président de la République :

Le Ministre de la guerre,

Maurice BERTEAUX.

Décret modifiant le décret du 25 mai 1910 portant règlement sur le service intérieur des corps de troupe.

(Cabinet du Ministre; Bureau de la Correspondance générale.)

Paris, le 27 juin 1911.

DÉCRET.

Le Président de la République française,

Sur la proposition du Ministre de la guerre,

Vu le décret du 25 mai 1910 sur le service intérieur des corps de troupe;

Considérant que l'application des prescriptions de l'article 141, relatives aux logements des gardes-magasins, entraînerait une dépense très élevée, hors de proportion avec le but à atteindre au point de vue de la sécurité des magasins d'habillement,

Décrète :

Art. 1er. Sont abrogées les prescriptions du 8e alinéa de l'article 141 du décret du 25 mai 1910 portant règlement sur le service intérieur des corps de troupe, ainsi conçues :

« Le sergent garde-magasin est tenu de coucher au magasin; s'il est marié, un logement lui est réservé. »

Art. 2. Le Ministre de la guerre est chargé de l'exécution du présent décret.

Fait à Paris, le 27 juin 1911.

A. FALLIÈRES.

Par le Président de la République :

Le Ministre de la guerre,

F. GOIRAN.

---

*Décret portant modification au décret du 25 mai 1910
sur le service intérieur des corps de troupe.*

(Cabinet du Ministre; Bureau de la Correspondance générale.)

Paris, le 28 octobre 1911.

RAPPORT AU PRÉSIDENT DE LA RÉPUBLIQUE FRANÇAISE.

Monsieur le Président,

L'article 198 du décret du 25 mai 1910 sur le service intérieur des corps de troupe limite à trente, dont huit de cellule, le nombre maximum des jours de prison que les officiers généraux peuvent infliger aux soldats.

Seul, le Ministre a le droit d'infliger des punitions de prison d'une durée supérieure, pouvant aller jusqu'à deux mois de prison, par application des dispositions de l'article 271 du Code de justice militaire.

En raison de la difficulté que présente l'examen, au ministère, des demandes de punition provenant de l'armée entière, et aussi en vue de diminuer le délai qui s'interpose entre la faute commise et la sanction qui la punit, j'ai pensé qu'il y aurait intérêt à ce que, désormais, les généraux commandant les corps d'armée, les généraux commandant les divisions en Algérie, les commandants supérieurs des troupes aux colonies, s'ils sont officiers généraux, et les officiers généraux commandants d'expédition, eussent, par délégation du Ministre, la faculté d'infliger jusqu'à soixante jours de prison, dont huit de cellule. Je n'en conserverai pas moins la haute surveillance sur les sanctions disciplinaires, car il sera rendu compte au Ministre de toutes les punitions de prison supérieures à trente jours, ainsi que du motif de ces punitions et des conditions dans lesquelles elles auront été prononcées.

Si vous approuvez cette manière de voir, j'ai l'honneur de vous prier de vouloir bien revêtir de votre signature le projet de décret ci-joint.

Veuillez agréer, Monsieur le Président, l'hommage de mon respectueux dévouement.

Le Ministre de la guerre,

Messimy.

Décret.

Le Président de la République française;

Vu le décret du 25 mai 1910 sur le service intérieur des corps de troupe;

Sur le rapport du Ministre de la guerre,

Décrète :

Art. 1er. L'article 198 du décret du 25 mai 1910 sur le service intérieur des corps de troupe, intitulé : « Tableau des punitions qui se décomptent par jour (sous-officiers, caporaux et soldats) », est remplacé par le suivant :

« *Art. 198.* Le maximum des punitions se décomptant par jour, qui peuvent être infligées par les différentes autorités hiérarchiques aux sous-officiers, caporaux et soldats, est indiqué dans le tableau ci-dessous.

(Tableau abrogé et remplacé par celui annexé au décret du 14 mai 1912.)

« Par délégation du Ministre, les généraux commandants de corps d'armée, les généraux commandant les divisions en Algérie, les commandants supérieurs des troupes aux colonies, s'ils sont officiers généraux, et les officiers généraux commandants d'expédition, peuvent infliger jusqu'à soixante jours de prison, dont quinze (1) de cellule.

« La punition de cellule est prononcée en aggravation, pendant une durée de quinze (1) jours au plus, d'une punition de prison. Dans ce cas, le libellé de la punition de prison indique le nombre de jours qui seront subis au régime de la cellule.

---

(1) Nouvelle rédaction (décret du 14 mai 1912).

« Les punitions se décomptent par jour, de midi à midi; elles commencent, pour ce décompte, à l'heure de midi qui a précédé le prononcé de la punition.

« A l'expiration des punitions, le commandant de service fait élargir les militaires punis et conduire les soldats à leur compagnie par les gradés de service.

« Il est rendu compte au Ministre de toutes les punitions de prison supérieures à trente jours. »

Art. 2. Le Ministre de la guerre est chargé de l'exécution du présent décret.

Fait à Paris, le 28 octobre 1911.

A. FALLIÈRES.

Par le Président de la République :

Le Ministre de la guerre,

MESSIMY.

---

*Décret portant modifications au décret du 25 mai 1910
sur le service intérieur des corps de troupe.*

(Cabinet du Ministre; Bureau de la Correspondance générale.)

Paris, le 13 novembre 1911.

DÉCRET.

Le Président de la République française,

Sur la proposition du Ministre de la guerre,

Vu le décret du 25 mai 1910 sur le service intérieur des corps de troupe;

Considérant que les dispositions de l'article 202, relatives à la suspension des effets de la commission, sur avis d'un conseil d'enquête, ne sont pas en concordance avec les prescriptions des articles 67 et 68 de la loi du 21 mars 1905 sur le recrutement, qui ne prévoient comme sanctions disciplinaires applicables aux commissionnés que l'admission à la retraite d'office et la révocation de la commission;

Décrète :

Art. 1er. Les modifications ci-après sont apportées au **texte** des articles 192, 202 et 204 du décret du 25 mai 1910 sur le service intérieur des corps de troupe :

Art. 192.

Supprimer *la suspension de la commission* dans l'énumération des punitions à infliger aux soldats, aux caporaux et aux sous-officiers.

Art. 202.

Supprimer, dans le titre de l'article et au 8e alinéa, commençant par : « La rétrogradation, la cassation... », les mots : « la suspension des effets de la commission ».

Art. 204.

Supprimer, au 3e alinéa, les mots : « suspension de commission ».

Art. 2. Le Ministre de la guerre est chargé de l'exécution du présent décret.

Fait à Paris, le 13 novembre 1911.

A. FALLIÈRES.

Par le Président de la République :

Le Ministre de la guerre,

MESSIMY.

***

*Décret portant modification au décret du 25 mai 1910
sur le service intérieur des corps de troupe.*

(Cabinet du Ministre; Bureau de la Correspondance générale.)

Paris, le 14 janvier 1912.

RAPPORT AU PRÉSIDENT DE LA RÉPUBLIQUE FRANÇAISE.

Monsieur le Président,

A la date du 21 octobre dernier, vous avez bien voulu, sur ma proposition, approuver un décret aux termes duquel « l'envoi aux sections spéciales des bataillons d'infanterie légère d'Afrique et de la légion étrangère est prononcé, par délégation du Ministre, par le général commandant le 19e corps d'armée et le général commandant la division d'occupation de Tunisie, en ce qui concerne les bataillons d'infanterie légère d'Afrique, et par le général commandant la division d'Oran, en ce qui concerne la légion étrangère ».

Ces dispositions me paraissent devoir être étendues à l'envoi aux sections spéciales des corps de troupe indigènes d'Afrique, dont les unités sont également disséminées au loin, et aux sections spéciales organisées dans certains corps de troupe stationnés aux colonies, en raison de la lenteur des communications entre les colonies et la France.

Les généraux qui commandent au Maroc me paraissent enfin devoir jouir des mêmes prérogatives à l'égard des militaires des bataillons d'infanterie légère d'Afrique, des régiments étrangers et des corps de troupe indigènes d'Afrique placés sous leurs ordres.

Si vous approuvez cette manière de voir, j'ai l'honneur de vous prier de vouloir bien revêtir de votre signature le projet de décret ci-joint portant modification au décret du 25 mai 1910 sur le service intérieur des corps de troupe.

Veuillez agréer, Monsieur le Président, l'hommage de mon respectueux dévouement.

Le Ministre de la guerre,

MESSIMY.

DÉCRET.

Le Président de la République française,

Vu le décret du 25 mai 1910 sur le service intérieur des corps de troupe;

Vu les décrets des 8 juillet 1910 et 21 octobre 1911 portant modifications à l'article 201 du décret précité;

Sur le rapport du Ministre de la guerre,

Décrète :

Art. 1er. L'article 201 du décret du 25 mai 1910 sur le service intérieur des corps de troupe, modifié par les décrets des 8 juillet 1910 et 21 octobre 1911, est remplacé par le suivant :

« *Art. 201.* Les soldats des différents corps de troupe ne peuvent être envoyés aux sections spéciales que par décision du Ministre de la guerre, rendue sur proposition du général commandant le corps d'armée, après avis d'un conseil de discipline, et dans les cas suivants :

« 1° Lorsqu'ils prennent part à des actes collectifs d'indiscipline ou que, sans tomber sous le coup des dispositions de l'alinéa 2° ci-dessous, ils commettent une ou plusieurs fautes dont la gravité, en raison du caractère particulier de ces fautes ou des circonstances qui les accompagnent, rend insuffisante la répression par de simples peines disciplinaires;

« 2° Lorsqu'ils tiennent une conduite dépravée ou persistent, par des fautes et contraventions que de simples peines disciplinaires sont impuissantes à réprimer, à porter le trouble et le mauvais exemple dans le corps dont ils font partie, lorsqu'ils se mutilent volontairement après leur incorporation, ou, enfin, lorsque, sans tenir compte des remontrances et des punitions, ils simulent, de parti pris, des infirmités, dans le but de se soustraire au service.

« L'envoi aux sections spéciales des militaires des corps spéciaux d'Afrique est prononcé conformément aux indications du tableau ci-dessous :

DÉSIGNATION des CORPS DE TROUPE.	AUTORITÉS qui prononcent l'envoi aux sections spéciales.	OBSERVATIONS.
Bataillons d'infanterie légère d'Afrique.....	Général commandant le 19° corps d'armée .... Général commandant la division d'occupation de Tunisie .... Général commandant les troupes débarquées au Maroc .... Général commandant les confins marocains	Pour les militaires des bataillons d'Afrique placés sous leurs ordres.
Corps de troupe indigènes d'Afrique	Généraux commandant les divisions en Algérie .... Général commandant la division d'occupation de Tunisie.................. Général commandant les troupes débarquées au Maroc.................. Général commandant les confins marocains	Pour les militaires des corps de troupe indigènes d'Afrique placés sous leurs ordres.
Régiments étrangers. ..	Général commandant la division d'Oran. Général commandant les troupes débarquées au Maroc.................. Général commandant les confins maro cains.....................	Pour les militaires des régiments étrangers placés sous leurs ordres.

« L'envoi aux sections spéciales organisées dans certains corps de troupe stationnés aux colonies est prononcé, dans les mêmes conditions, par les commandants supérieurs des troupes, quand ils sont officiers généraux. »

Art. 2. Le Ministre de la guerre est chargé de l'exécution du présent décret.

Fait à Paris, le 14 janvier 1912.

A. FALLIÈRES.

Par le Président de la République :

Le Ministre de la guerre,

Messimy.

---

*Décret portant modification au décret du 25 mai 1910
sur le service intérieur des corps de troupe.*

(Cabinet du Ministre; Bureau de la Correspondance générale.)

Paris, le 8 avril 1912.

Le Président de la République française,

Vu le décret du 25 mai 1910 sur le service intérieur des corps de troupe;

Sur le rapport du Ministre de la guerre,

Décrète :

Art. 1er. Le paragraphe 12 de l'article 67 du décret susvisé du 25 mai 1910 est modifié et remplacé par les dispositions suivantes :

« En dehors du service, les officiers ou assimilés sont autorisés à porter la tenue bourgeoise. Les adjudants-chefs et adjudants, ainsi que les sous-officiers mariés à solde mensuelle, peuvent porter cette tenue les dimanches et jours fériés (1).

« Le colonel peut également autoriser, à titre exceptionnel, les autres sous-officiers à porter cette tenue, sur demande formulée en vue d'un objet déterminé, tel que réunion sportive ou excursion; l'autorisation est spéciale à chaque demande.

« Il peut autoriser les sous-officiers et caporaux rengagés à la revêtir quand ils sont en permission; dans les mêmes condi-

---

(1) Nouvelle rédaction (décret du 25 juillet 1912).

tions, il n'accorde qu'exceptionnellement cette autorisation aux gradés non rengagés et aux hommes de troupe; mention de cette autorisation est portée sur le titre d'absence. »

Art. 2. Le Ministre de la guerre est chargé de l'exécution du présent décret, qui sera inséré au *Bulletin officiel* du ministère de la guerre.

Fait à Paris, le 8 avril 1912.

A. FALLIÈRES.

Par le Président de la République :

Le Ministre de la guerre,

A. MILLERAND.

Décret portant modification au décret du 25 mai 1910 sur le service intérieur des corps de troupe.

(Cabinet du Ministre; Bureau de la Correspondance générale.)

Paris, le 14 mai 1912.

RAPPORT AU PRÉSIDENT DE LA RÉPUBLIQUE FRANÇAISE.

Monsieur le Président,

L'article 76 du décret du 25 mai 1910 sur le service intérieur des corps de troupe dispose que « les officiers peuvent, sous leur signature et sous leur responsabilité, publier des écrits ».

Cette liberté présente, pour l'armée, le double intérêt de favoriser l'activité intellectuelle des officiers et d'appeler l'attention publique sur l'étude et la discussion des grandes questions militaires; l'abandon d'un régime susceptible de comporter d'aussi utiles résultats ne saurait être envisagé.

Mais le même article ajoute que, « quelles que soient la nature et la forme de ces publications, l'autorité militaire conserve tout pouvoir d'appréciation et de sanction vis-à-vis des auteurs dont les écrits seraient jugés préjudiciables à la discipline, à l'esprit militaire et aux intérêts du pays ».

Ces dispositions, corrélatives de la liberté reconnue aux officiers et nécessaires pour en réprimer les excès éventuels, ne sont pas, par elles-mêmes, d'une précision suffisante pour en permettre une exacte et efficace application : c'est ainsi qu'une circulaire a dû intervenir, dès le 11 août 1910, pour spécifier que les officiers publiant un ouvrage ou un article seraient tenus d'en adresser au cabinet du Ministre deux exemplaires; il en est résulté, par voie de conséquence, que l'examen de ces publications est demeuré exclusivement réservé à l'administration centrale de la guerre.

Il me paraît indispensable que le décret sur le service intérieur définisse nettement, lui-même, l'autorité militaire à laquelle est dévolu le pouvoir d'appréciation et de sanction affirmé par l'article 76 et coordonne les prescriptions essentielles édictant les droits et les obligations des officiers.

J'estime, à cet égard, que, par application du principe contenu dans l'article 4 du décret sur le service intérieur, aux termes duquel « le colonel est responsable de la discipline de son régiment », l'autorité militaire la mieux qualifiée pour exercer ce pouvoir est le chef du corps auquel appartient l'officier; c'est donc à son chef de corps que l'officier devra, désormais, adresser un exemplaire de l'écrit qu'il aura publié, et c'est le chef de corps qui, sous le contrôle supérieur du Ministre, prononcera éventuellement les sanctions qu'il reconnaîtrait justifiées; il est suffisant, d'ailleurs, que l'article 76 ne mentionne, comme passibles de sanctions, que les seuls écrits préjudiciables à la discipline : l'article 186 du même décret définit, en effet, explicitement, les fautes contre la discipline et y comprend, d'une manière certaine, tout fait de nature à porter préjudice à l'esprit militaire et aux intérêts du pays.

Enfin, l'expérience du passé a fait ressortir que l'importance qui s'attachait à une publication résultait souvent. moins de son objet même que de la fonction occupée par son auteur ou précédemment exercée par lui; on ne peut méconnaître, à cet égard, que, si l'indication du nom de l'officier n'engage que celui-ci, la mention de la fonction est trop naturellement considérée par le public comme engageant l'armée; l'autorité militaire risque ainsi de se trouver compromise par la publication d'écrits à laquelle elle est cependant étrangère; je considère, dès lors, qu'il convient d'interdire aux officiers de faire suivre leur signature de l'indication de leurs fonctions.

Si vous approuvez ces propositions, je vous prie de vouloir bien revêtir de votre signature le présent projet de décret; j'ai l'intention d'en étendre, d'ailleurs, les prescriptions à toutes les catégories d'officiers qui ne se trouvent pas dans une des situations auxquelles est applicable le règlement sur le service intérieur des corps de troupe.

Veuillez agréer, Monsieur le Président, l'hommage de mon respectueux dévouement.

A. Millerand.

Décret.

Le Président de la République française,

Sur le rapport du Ministre de la guerre,

Vu le décret du 25 mai 1910, sur le service intérieur des corps de troupe,

Décrète :

Art. 1er. Le premier alinéa de l'article 76 du décret du 25 mai 1910 sur le service intérieur des corps de troupe est remplacé par le suivant :

« Les officiers peuvent, sous leur signature et sous leur responsabilité, publier des écrits; il leur est, toutefois, interdit de faire suivre leur signature de l'indication des fonctions qu'ils exercent ou qu'ils ont précédemment occupées, et d'en faire mention dans le corps de l'écrit. L'auteur d'un écrit est tenu d'en adresser un exemplaire ou une copie au chef de corps auquel il appartient, dès le moment de sa publication. Quelles que soient la nature et la forme de l'écrit, le chef de corps a tout pouvoir d'appréciation et de sanction vis-à-vis de ceux de ses subordonnés dont les écrits seraient jugés, par lui, préjudiciables à la discipline. »

Art. 2. Le Ministre de la guerre est chargé de l'exécution du présent décret, qui sera publié au *Journal officiel* de la République française et inséré au *Bulletin officiel* du ministère de la guerre.

Fait à Rambouillet, le 14 mai 1912.

A. FALLIÈRES.

Par le Président de la République :

Le Ministre de la guerre,

A. Millerand.

Décret portant modifications au décret du 25 mai 1910 portant règlement sur le service intérieur des corps de troupe.

(Cabinet du Ministre; Bureau de la Correspondance générale.)

Paris, le 14 mai 1912.

RAPPORT AU PRÉSIDENT DE LA RÉPUBLIQUE FRANÇAISE

Monsieur le Président,

L'article 188 du décret du 25 mai 1910 sur le service intérieur des corps de troupe dispose que « tout supérieur, quel que soit son grade et à quelque corps ou service qu'il appartienne, a le devoir strict de contribuer au maintien de la discipline générale en relevant toute faute de ses inférieurs et en s'efforçant d'y mettre fin lorsque cette faute se poursuit ».

Mais, en imposant ainsi à tous les chefs la responsabilité en matière de discipline, le décret du 25 mai 1910 n'a cependant attribué qu'à certains d'entre eux le droit de punir qui en est le corollaire, et qui doit être considéré comme une des prérogatives inséparables de l'autorité. Il me paraît indispensable de supprimer cette contradiction et de restituer, à tous les supérieurs, le droit, qui leur appartenait jadis, d'infliger des punitions dans des limites déterminées : le maximum en serait spécifié par le règlement, pour chacun des échelons de la hiérarchie.

J'estime, d'ailleurs, que l'extension du droit de punir a pour contre-partie nécessaire l'adoption de dispositions propres à prévenir les abus qui pourraient se produire dans l'exercice de ce droit.

Dans ce but, et tout en maintenant au chef de compagnie, de groupe et de régiment, la faculté qu'ils possèdent déjà de modifier le taux d'une punition infligée par un de leurs subordonnés, il me paraît qu'il y a lieu de décider que toute punition égale ou supérieure à huit jours de prison ne deviendra définitive qu'après que le militaire fautif aura été entendu dans ses explications.

L'application du sursis, déjà prévue par l'article 191 du règlement actuel, permettra, en outre, d'appliquer à tout militaire puni le bénéfice d'une indulgence qu'il peut avoir méritée par sa manière habituelle de servir.

J'ajoute qu'hormis le cas de faute grave, exigeant une répression immédiate, aucune punition ne deviendra effective avant d'être sanctionnée par le chef de l'unité; jusqu'à ce que cette sanction soit intervenue, le militaire puni sera simplement tenu de rester consigné; toutefois, en cas d'urgence, et si le chef de l'unité est absent, il en sera référé à l'officier de service, dont la création est prévue et dont les attributions sont définies par le texte nouveau de l'article 103 du décret du 25 mai 1910 : la présence permanente d'un officier de service dans les casernes et quartiers, depuis la fin des exercices du soir jusqu'au début de ceux du lendemain, me paraît un sûr garant du maintien de l'ordre et de la discipline.

Enfin, en ce qui concerne les punitions des officiers, j'estime qu'il convient de rétablir la punition d'arrêts simples telle qu'elle était définie par les règlements antérieurs à celui de 1910; cette sanction, en effet, tout en constituant une sanction matérielle efficace, n'interrompt pas le service de l'officier puni, et lui permet de continuer ses fonctions dans son unité.

Si vous approuvez les considérations qui précèdent, j'ai l'honneur de vous prier, Monsieur le Président, de vouloir bien revêtir le décret ci-joint de votre signature.

Veuillez agréer, Monsieur le Président, l'hommage de mon profond respect.

Le Ministre de la guerre,

A. MILLERAND.

DÉCRET.

Le Président de la République française,
Sur le rapport du Ministre de la guerre,
Vu le décret du 25 mai 1910 sur le service intérieur des corps de troupe,

Décrète :

ARTICLE Ier.

L'alinéa final de l'article 103 du décret du 25 mai 1910 est supprimé et remplacé par les dispositions suivantes :

« Pendant la nuit, la surveillance et la police de la caserne sont assurées par un officier de service qui couche au quartier.

« Cet officier relève du commandant de service; il a sous ses ordres un sous-officier adjoint. Il fait prendre toutes les mesures qui lui paraissent imposées par les circonstances. Il prescrit l'exécution immédiate des punitions, lorsque la discipline et le maintien de l'ordre l'exigent.

« Tous les officiers subalternes, à l'exception des comptables, concourent à assurer le service de nuit; ils sont désignés, à cet effet, à tour de rôle, soit par jour, soit par semaine. L'heure de la prise du service est réglée par le chef de corps de manière qu'il y ait toujours un officier à la caserne.

« Dans les casernements où sont logés plusieurs corps ou fractions de corps, le service de nuit peut être assuré par un seul officier assisté d'un seul sous-officier adjoint. Dans les casernements où les effectifs sont au plus égaux à 4 compagnies, 3 batteries ou deux escadrons, l'officier de service pendant la nuit est remplacé par un sous-officier qui n'a pas de gradé adjoint. »

ARTICLE II.

L'article 188 du décret susvisé du 25 mai 1910, ainsi que les articles 189, 190, 198 (§ 1 et tableau annexé), 205 et 208 de ce décret sont modifiés et remplacés par les dispositions suivantes :

Art. 188. Droit de punir.

« Tout supérieur, quel que soit son grade et à quelque corps ou service qu'il appartienne, a le devoir strict de contribuer au maintien de la discipline générale en relevant toute faute de ses inférieurs et en s'efforçant d'y mettre fin, lorsque cette faute se poursuit.

« Lorsqu'il le juge nécessaire, et dans tous les cas, lorsque ses ordres sont méconnus, il réprime les infractions en infligeant les punitions prévues par les règlements.

« Le droit de punir appartient, à cet effet, à tous les gradés dans les conditions fixées par l'article 189 ci-après, et dans les limites déterminées par les articles 198 et 208.

« Le chef du détachement, s'il est officier supérieur, a les mêmes droits que le colonel en matière de punitions. S'il est officier subalterne, il a les mêmes pouvoirs que le commandant d'unité. Les sous-officiers ou caporaux chefs de détachement ou de poste possèdent les droits du sous-lieutenant.

« Tout militaire qui remplit momentanément une fonction possède, en matière de punition, et quel que soit son grade, les mêmes droits que le titulaire de cette fonction. Les simples soldats remplissant les fonctions de caporal ont les droits du caporal.

« Lorsqu'un chef estime que les pouvoirs disciplinaires dont il dispose ne lui permettent pas une sanction suffisante, il prend les mesures nécessitées par l'intérêt de la discipline et du bon ordre, et en adresse aussitôt le compte rendu à l'autorité dont il relève.

« Dès qu'une punition est prononcée, le chef qui l'a infligée la notifie ou la fait notifier sans retard à l'intéressé.

« Les punitions ne sont jamais notifiées en présence des inférieurs des militaires punis; elles peuvent être insérées aux ordres dans le cas prévu à l'article 163. »

Art. 189. *Exercice du droit de punir.*

« Tout supérieur a le droit de punir, en toute circonstance de temps et de lieu, les militaires appartenant, même provisoirement, au même corps ou service que lui; il possède également ce droit, dans les bâtiments et établissements de la guerre et dans l'intérieur des détachements, à l'égard de tout militaire, même appartenant à un corps ou service différent du sien.

« Les fautes commises dans une place, en dehors d'un établissement de la guerre, et constatées par un supérieur d'un autre corps ou service que le militaire fautif, donnent lieu à une demande de punition dans les conditions fixées par l'article 48 du décret du 7 octobre 1909 sur le service de place. »

Art. 190. *Inscription et sanction des punitions.*

« Les punitions figurent toutes à la situation-rapport de l'unité. Elles sont portées à la connaissance du commandant de l'unité, soit par les comptes rendus de ses subordonnés, soit par les notifications transmises par le service général, s'il s'agit de punitions infligées par des gradés étrangers à l'unité.

« Elles ne deviennent définitives et leur exécution ne commence qu'après la sanction du commandant de l'unité, ou, en cas d'urgence, de l'officier de service prévu par l'article 103 du présent décret. Toutefois, tout militaire à qui une punition a été notifiée est, dès ce moment, consigné au quartier ou garde les arrêts simples.

« Toute punition de prison égale ou supérieure à 8 jours doit faire l'objet d'un rapport écrit; elle ne peut être prononcée sans que le chef qui l'inflige ait recueilli de vive voix ou par écrit les explications du militaire puni.

Art. 198. (§ 1) Tableau des punitions qui se décomptent par jour (sous-officiers, caporaux et soldats).

« Le maximum des punitions se décomptant par jour, qui peuvent être infligées par les différentes autorités hiérarchiques aux sous-officiers, caporaux et soldats, est indiqué dans le tableau ci-dessous :

DÉSIGNATION des AUTORITÉS pouvant infliger des punitions.	MAXIMUM DE DURÉE DES PUNITIONS pouvant être infligées aux :		OBSERVATIONS.
	Caporaux fourriers Sous-officiers.	Caporaux Soldats.	
Caporal et caporal fourrier.	....	2 jours de consigne	(1) Peuvent être prononcées seulement par les adjudants de semaine dans leur service spécial ou par les adjudants chefs ou adjudants dans leur compagnie (1).
Sous-officier..............	2 jours d'arrêts simples	4 jrs. de consigne 2 j. d. s. d. pol. (1)	
Sous-lieutenant......		8 jours de consigne	(2) En dehors de leur unité les officiers supérieurs n'ont droit de prononcer que des punitions de durée moitié moindre (8 jours pour les arrêts simples et la salle de police).
Lieutenant...........	4 jours d'arrêts simples		
Capitaine (hors la compagnie)		4 jours de salle de police	
Capitaine (dans la compagnie)	15 jrs d'arrêts simples	30 jours de consigne	
Chef de bataillon (dans son unité)..........	8 jours d'arrêts de rigueur	15 jrs de salle de police	(3) Les droits existant pour le général commandant une division d'infanterie à l'égard de son artillerie divisionnaire.
Lieutenant-colonel d⁸ son régiment) (2)...		8 jours de prison	
Officier supérieur (chef de corps)	30 jrs d'arrêts simples	30 jrs de consigne 30 jrs de salle	
Officier général (hors de son commandem¹)	15 jrs d'arrêts de rigueur	de police 15 jrs d. prison	'ont 8 de cellule pour les soldats seulement
Dans son commandement :			
Le général commandant la brigade peut infliger au total....	20 jrs d'arrêts de rigueur	20 jrs d. prison	dont 10 de cellule pour les soldats seulement
Le général commandant la division peut infliger au total (3).	25 jrs d'arrêts de rigueur	25 jrs d. prison	'ont 12 de cellule pour les soldats seulement
Le général command¹ le corps d'armée peut infliger au total....	30 jrs d'arrêts de rigueur	30 jrs d. prison	dont 15 de cellule pour les soldats seulement

De plus, les soldats, caporaux et sous-officiers, autorisés à sortir du quartier après l'appel du soir, peuvent être privés de cette faculté par le capitaine dans sa compagnie et par les officiers supérieurs pour une durée n'excédant pas 30 jours.

(1) Nouvelle rédaction (décret du 25 juillet 1912).

Art. 205. Punitions à infliger aux officiers.

« Les punitions des officiers sont :

« Les avertissements du capitaine, du commandant et du colonel ;

« Les arrêts simples ;

« Les arrêts de rigueur ;

« Les arrêts de forteresse.

« Ces punitions sont inscrites au feuillet du personnel de l'officier puni.

« L'avertissement du capitaine est donné à l'intéressé en particulier et sans formalité définie.

« Les avertissements du commandant et du colonel sont donnés en présence d'un ou plusieurs officiers plus élevés en grade ou plus anciens que l'officier qui encourt cette sanction.

« L'officier aux arrêts simples n'est exempt d'aucun service ; il est tenu de garder la chambre sans recevoir personne, excepté pour affaires de service ; il peut, toutefois, prendre ses repas au dehors avec l'autorisation du chef de corps.

« L'officier aux arrêts de rigueur et aux arrêts de forteresse n'exerce, pendant la durée de sa punition, aucune fonction de son grade ; l'officier aux arrêts de rigueur est tenu de garder la chambre sans recevoir personne et d'y prendre ses repas.

« L'officier qui rompt ses arrêts est puni d'arrêts de forteresse.

« Les arrêts de forteresse sont subis dans un bâtiment militaire, désigné par le commandant de corps d'armée. La décision qui inflige les arrêts de forteresse spécifie que l'officier se rendra librement ou non dans le lieu où il doit subir sa punition ; dans le second cas, elle indique comment il y sera conduit. »

Art. 208. Durée des punitions à infliger aux officiers.

« Dans les corps de troupe les durées des punitions à infliger aux officiers sont fixées comme il suit :

DÉSIGNATION DES OFFICIERS pouvant prononcer les arrêts.	NATURE ET DURÉE DES ARRÊTS pouvant être infligés.
Lieutenants ou (éventuellement) sous-lieutenants.....................	2 jours d'arrêts simples.
Capitaine ou officier supérieur hors de son unité.....................	4 jours d'arrêts simples.
Capitaine ou officier supérieur dans son unité.....................	8 jours d'arrêts simples.
Officier supérieur chef de corps..... Officier général, hors de son commandement.....................	30 jours d'arrêts simples. 15 jours d'arrêts de rigueur.
Général de brigade, dans l'étendue de son commandement...........	30 jours d'arrêts simpl. ou de rigueur. 8 jours d'arrêts de forteresse.
Général de division, dans l'étendue de son commandement (artillerie divisionnaire comprise)...........	30 jours d'arrêts simpl. ou de rigueur. 15 jours d'arrêts de forteresse.
Général commandant le corps d'armée dª l'étendue de son commandement.	30 jours d'arrêts simples, de rigueur ou de forteresse.

ARTICLE III.

Toutes dispositions contraires sont et demeurent abrogées.

ARTICLE IV.

Le Ministre de la guerre est chargé de l'exécution du présent décret qui sera publié au *Journal officiel* de la République française et inséré au *Bulletin des lois.*

Fait à Rambouillet, le 14 mai 1912.

A. FALLIÈRES.

Par le Président de la République :

Le Ministre de la guerre,

A. MILLERAND.

Décret portant modification au décret du 25 mai 1910 portant règlement sur le service intérieur des corps de troupe.

(Cabinet du Ministre; Bureau du Personnel des Officiers généraux, Décorations, Affaires diverses et d'ordre général.)

Paris, le 23 juillet 1912.

RAPPORT AU PRÉSIDENT DE LA RÉPUBLIQUE FRANÇAISE.

Monsieur le Président,

Le décret du 25 mai 1910 sur le service intérieur a supprimé l'obligation de la table commune pour tous les officiers.

Cette mesure n'a pas été sans entraîner certains inconvénients en ce qui concerne les jeunes officiers. Il n'est pas contestable, en effet, que la table commune constitue une école de camaraderie et de solidarité, gardienne de l'esprit de corps, par laquelle l'officier trouve avantage à passer, lors de son entrée dans la carrière. L'expérience a prouvé qu'à défaut de tables communes, les jeunes officiers se groupent par tables séparées, suivant leur origine d'école, leurs conditions de fortune ou leur rang social; ainsi s'affaiblit et menace de disparaître l'esprit d'union, de concorde et de camaraderie, si nécessaire en temps de paix et plus indispensable encore en temps de guerre.

D'autre part, les caractères faibles rencontrent, dans la table commune, une protection contre les entraînements irréfléchis, en même temps que les jeunes officiers y sont préservés de certains dangers susceptibles de peser d'un poids très lourd sur le reste de leur existence. Elle offre, par surcroît, des avantages pécuniaires appréciables à une époque où la cherté de la vie se fait particulièrement sentir.

J'estime donc que le rétablissement de l'obligation de la table commune pour les officiers célibataires, jusqu'au rang de lieutenant inclus, s'impose, avec les tempéraments, toutefois, qui ont toujours été admis, en ce qui concerne le repas du soir, dans certaines grandes villes et notamment dans le gouvernement militaire de Paris.

Si vous approuvez ces considérations, j'ai l'honneur de vous prier, Monsieur le Président, de vouloir bien revêtir de votre signature le présent projet de décret.

Veuillez agréer, Monsieur le Président, l'hommage de mon profond respect.

Le Ministre de la guerre,

A. MILLERAND.

DÉCRET.

Le Président de la République française,
Sur le rapport du Ministre de la guerre,
Vu le décret du 25 mai 1910 sur le service intérieur des corps de troupe,

Décrète :

Art. 1er. L'article 78 du décret du 25 mai 1910, sur le service intérieur des corps de troupe, est remplacé par le suivant :

« *Art. 78.* Tous les officiers célibataires, jusqu'au rang de lieutenant inclus, prennent leur repas en commun, en une ou plusieurs tables; dans ce dernier cas, la répartition est toujours faite par fraction constituée. Le chef de corps peut accorder, à titre exceptionnel et pour des motifs dûment justifiés, des autorisations temporaires de ne pas vivre à la table commune. Le lieutenant le plus ancien de chaque table en est le président.

« Le lieutenant-colonel est spécialement chargé de la surveillance des tables des lieutenants; il s'assure que la manière de vivre des autres officiers est en rapport avec la dignité professionnelle; il intervient s'il est nécessaire.

« Dans les camps, en route et aux manœuvres, tous les officiers vivent à la même table ou par fraction constituée. Dans ce cas, les dépenses sont toujours basées sur le traitement des officiers les moins élevés en grade.

« Ces dispositions sont applicables aux officiers de réserve et de l'armée territoriale pendant les périodes d'instruction. »

Art. 2. Le Ministre de la guerre est chargé de l'exécution du présent décret.

Fait à Paris, le 23 juillet 1912.

A. FALLIÈRES.

Par le Président de la République :

Le Ministre de la guerre,

A. MILLERAND.

Décret portant modifications au décret du 25 mai 1910 portant règlement sur le service intérieur des corps de troupe.

(Cabinet du Ministre; Bureau du Personnel des Officiers généraux, Décorations, Affaires diverses et d'ordre général.)

Paris, le 25 juillet 1912.

DÉCRET.

Le Président de la République française.

Sur le rapport du Ministre de la guerre,

Vu le décret du 25 mai 1910, portant règlement sur le service intérieur des corps de troupe;

Vu les décrets des 8 avril et 14 mai 1912, portant modifications au décret précité;

Vu la loi du 30 mars 1912, autorisant la nomination, en 1912, d'un certain nombre d'adjudants-chefs dans les différentes armes et dans les services;

Vu l'ordonnance du 16 mars 1838, portant règlement, d'après la hiérarchie des grades et des fonctions, sur la progression de l'avancement et la nomination aux emplois dans l'armée, en exécution de la loi du 14 avril 1832;

Vu le décret du 23 mai 1912, portant modifications à l'ordonnance précitée;

Considérant qu'il importe de définir, dans le règlement sur le service intérieur des corps de troupe, les attributions des adjudants-chefs, leur situation dans la hiérarchie et dans les corps de troupe, les conditions dans lesquelles ils sont pourvus ou privés de leur emploi,

Décrète :

Art. 1er. Les modifications suivantes sont apportées au décret du 25 mai 1910, portant règlement sur le service intérieur des corps de troupe, en ce qui concerne :

1° Les « Règles de la subordination »;
2° Les articles 17, 49, 59, 67, 163, 185, 198, 226, 231 et 239.

Règles de la subordination. — Remplacer la 8e ligne : « L'adjudant au sous-lieutenant », par les deux lignes suivantes :

« L'adjudant à l'adjudant-chef;
« L'adjudant-chef au sous-lieutenant. »

Art. 17.

a) Intercaler, entre le 2ᵉ et le 3ᵉ alinéa, l'alinéa dont le texte suit :

« Les adjudants-chefs sont nommés, suivant les armes ou services, par le général commandant le corps d'armée ou par le Ministre. Ils sont destinés, en principe, à renforcer l'encadrement des unités dont le personnel « officiers » serait réduit ou présenterait des incomplets momentanés. »

b) Remplacer le texte actuel de l'alinéa 5, qui devient l'alinéa 6, par le texte ci-après :

« Le chef de corps répartit entre les différentes unités du corps, au mieux des intérêts du service, les adjudants-chefs qui ne sont pas organiquement chargés d'emplois spéciaux. »

Art. 49.

Remplacer le texte actuel du 1ᵉʳ alinéa par le texte qui suit :

« Le capitaine a pour auxiliaires directs les lieutenants, sous-lieutenants, et, s'il y a lieu, les adjudants-chefs affectés à l'unité. »

Art. 59.

Remplacer le titre et le texte de la première phrase du 1ᵉʳ alinéa par le titre et le texte ci-après :

Officiers et adjudants-chefs de l'unité.

« Art. 59. Les lieutenants, sous-lieutenants et, s'il y a lieu, les adjudants-chefs, sont les auxiliaires directs du capitaine... »

Art. 67.

Remplacer la seconde phrase du 12ᵉ alinéa, modifié par le décret du 8 avril 1912, par la suivante :

« Les adjudants-chefs et adjudants, ainsi que les sous-officiers mariés à solde mensuelle, peuvent porter cette tenue les dimanches et jours fériés.

Art. 163.

Substituer au texte actuel de l'avant-dernier alinéa le texte suivant :

« 3° Les extraits des tableaux d'avancement, en ce qui concerne les officiers, adjudants-chefs et adjudants du régiment. »

Art. 185.

Ajouter, en tête de l'article, l'alinéa dont le texte suit :

« Les adjudants-chefs logeant au quartier sont autorisés à ren-
trer à toute heure. »

Art. 198.

Remplacer le texte actuel du renvoi (1) du tableau des punitions, tel qu'il a été arrêté par le décret du 14 mai 1912, par le
texte suivant :

(1) Peuvent être prononcées seulement par les adjudants de semaine
dans leur service spécial ou par les adjudants-chefs ou adjudants dans
leur compagnie.

Art. 202.

Substituer au texte actuel de l'avant-dernier alinéa, commençant par les mots « Par le Ministre », le texte ci-après :

« Par le Ministre,
« *Sur l'avis du conseil d'enquête* (constitué conformément au
décret sur la composition de ces conseils) : adjudants-chefs,
chefs armuriers (rétrogradation ou cassation). » (Le reste sans
changement.)

Art. 226.

1° Intercaler « aspirant » entre « maréchal des logis chef » et
« adjudant »;
2° Ajouter, *in fine*, « adjudant-chef ».

Art. 231.

1° Intercaler « aspirant » entre « maréchal des logis chef, maréchal des logis chef mécanicien » et « adjudant, adjudant maréchal ferrant »;
2° Ajouter, *in fine*, « adjudant-chef ».

Art. 239.

1° Intercaler « aspirant » entre « maréchal des logis chef » et
« adjudant »;
. 2° Ajouter, *in fine*, « adjudant-chef ».

Art. 2. Le Ministre de la guerre est chargé de l'exécution du présent décret, qui sera publié au *Journal officiel* de la République française et inséré au *Bulletin des lois*.

Fait à Paris, le 25 juillet 1912.

A. FALLIÈRES.

Par le Président de la République :

Le Ministre de la guerre,

A. MILLERAND.

Décret portant modification au décret du 25 mai 1910 portant règlement sur le service intérieur des corps de troupe.

(Cabinet du Ministre; Bureau du Personnel des Officiers généraux, des Décorations, des Affaires diverses et d'ordre général.)

Paris, le 8 septembre 1912.

Le Président de la République française,

Sur le rapport du Ministre de la guerre,

Vu le décret du 25 mai 1910 portant règlement sur le service intérieur des corps de troupe;

Vu l'ordonnance du 16 mars 1838 portant règlement, d'après la hiérarchie militaire des grades et des fonctions, sur la progression de l'avancement et la nomination aux emplois dans l'armée, en exécution de la loi du 14 avril 1832;

Vu le décret en date de ce jour portant modification à l'ordonnance susvisée,

Décrète :

Art. 1er. Le dernier alinéa de l'article 18 du décret du 25 mai 1910 susvisé est abrogé, à l'exception de la disposition finale : « Il avise le Ministre, par télégramme, de tout décès d'officier et de tout événement grave survenu au régiment. »

Art. 2. Le Ministre de la guerre est chargé de l'exécution du présent décret, qui sera publié au *Journal officiel* de la République française et inséré au *Bulletin des lois*.

Fait à Rambouillet, le 8 septembre 1912.

A. FALLIÈRES.

Par le Président de la République :

Le Ministre de la guerre,

A. MILLERAND.

Décret modifiant, en ce qui concerne les coopératives militaires de consommation, l'article 52 du décret du 25 mai 1910 sur le service intérieur.

(Cabinet du Ministre; Bureau du Personnel des Officiers généraux, Décorations, Affaires diverses et d'ordre général.)

Paris, le 30 octobre 1912.

Rapport au Président de la République française.

Monsieur le Président,

Les différentes circulaires de mes prédécesseurs, qui ont si heureusement signalé l'utilité de la création, dans l'armée, de coopératives militaires de consommation, spécifiaient, avec raison, que ces institutions demeuraient cependant facultatives et que toute liberté était laissée au commandement pour en régler le nombre au mieux de l'ensemble des intérêts à envisager; elles précisaient, à cet égard, que les coopératives devaient avoir pour but principal d'assurer l'existence et le fonctionnement régulier des salles de récréation, de lecture et de correspondance, dont le nombre est nécessairement variable avec l'organisation matériélle des quartiers.

Au contraire, l'article 52 du décret du 25 mai 1910 sur le service intérieur des corps de troupe a disposé d'une manière impérative que lorsqu'une unité ne possédait pas de coopérative, le capitaine en organisait une dès que les circonstances le permettaient; cet article a ainsi rendu obligatoire la création d'une coopérative par compagnie.

L'expérience a établi que des prescriptions aussi absolues, en incitant à la multiplication des coopératives, présentaient de réels inconvénients : d'une part, ces prescriptions ne tiennent pas compte des dispositions du casernement, lesquelles doivent cependant nécessairement influer, à titre prépondérant, sur l'organisation rationnelle des coopératives; d'autre part, elles conduisent à accroître d'une manière excessive le nombre des militaires soustraits à la pratique du service armé pour être affectés à la gestion de ces institutions; enfin, elles tendent à méconnaître le sage principe, admis à l'origine, et d'après lequel les coopératives ne constituent point des organismes indépendants par eux-mêmes, mais doivent être les annexes des salles de lecture et de correspondance.

J'estime, en conséquence, qu'il est préférable de rendre au commandement, en cette matière, la liberté entière qui lui était reconnue par les circulaires ministérielles antérieures et de supprimer l'obligation édictée par le décret du 25 mai 1910 de créer une coopérative par compagnie; j'ai d'ailleurs l'intention de préciser, dans une instruction, les règles essentielles qui me paraissent devoir inspirer l'organisation et le fonctionnement des coopératives.

Si vous approuvez ces considérations, j'ai l'honneur de vous prier, Monsieur le Président, de vouloir bien revêtir de votre signature le présent projet de décret.

Veuillez agréer, Monsieur le Président, la nouvelle assurance de mon respectueux dévouement.

Le Ministre de la guerre,

A. MILLERAND.

DÉCRET.

Le Président de la République française,

Vu le décret du 25 mai 1910 sur le service intérieur des corps de troupe, et notamment l'article 52;

Sur le rapport du Ministre de la guerre,

Décrète :

Art. 1er. Le 3e paragraphe de l'article 52 du décret susvisé du 25 mai 1910 est remplacé par les dispositions suivantes :

« Lorsqu'une coopérative est spécialement affectée à son unité, le capitaine en surveille de près le fonctionnement et observe, en ce qui le concerne, les prescriptions des articles 11 et 80. »

Art. 2. Le Ministre de la guerre est chargé de l'exécution du présent décret, qui sera publié au *Journal officiel* de la République française,

Fait à Paris, le 30 octobre 1912.

A. FALLIÈRES.

Par le Président de la République :

Le Ministre de la guerre,

A. MILLERAND.

Erratum *au décret du 25 mai 1910 sur le service intérieur des corps de troupe.*

(Cabinet du Ministre; Bureau de la Correspondance générale.)

CHAPITRE XXXIX.

ARTILLERIE.

Au lieu de :

Maréchaux des logis mécaniciens.

« Art. 234. Les maréchaux des logis mécaniciens sont nommés par le Ministre. »

Mettre :

Maréchaux des logis chefs mécaniciens.

« Art. 234. Les maréchaux des logis chefs mécaniciens sont nommés par le Ministre. ».

Erratum *au décret du 25 mai 1910 portant règlement sur le service intérieur des corps de troupe.*

(Cabinet du Ministre; Bureau de la Correspondance générale.)

. Art. 167, page 92, 1er alinéa.

Au lieu de : « conformément aux prescriptions du règlement sur le service de place. »

Lire : « conformément aux prescriptions du décret du 10 mai 1886, modifié le 16 novembre 1886. (*B. O.*, É. M., vol. n° 30, p. 32). »

TABLE CHRONOLOGIQUE

Pages.

6 mai 1911. Décret modifiant le décret du 25 mai 1910 portant règlement sur le service intérieur des corps de troupe (art. 237 *bis*). 3

27 juin 1911. Décret modifiant le décret du 25 mai 1910 portant règlement sur le service intérieur des corps de troupe (art. 141). 4

28 oct. 1911. Décret portant modification au décret du 25 mai 1910 sur le service intérieur des corps de troupe (art. 198) (mis à jour par l'incorporation dans le texte des dispositions du décret du 14 mai 1912)........ 5

13 nov. 1911. Décret portant modifications au décret du 25 mai 1910 sur le service intérieur des corps de troupe (art. 192, 202 et 204). 7

14 janv. 1912. Décret portant modifications au décret du 25 mai 1910 sur le service intérieur des corps de troupe (art. 201). 8

8 avril 1912. Décret portant modifications au décret du 25 mai 1910 sur le service intérieur des corps de troupe (art. 67) (mis à jour par l'incorporation dans le texte des dispositions du décret du 25 juillet 1912). 11

14 mai 1912. Décret portant modification au décret du 25 mai 1910 sur le service intérieur des corps de troupe (art. 76). 12

14 mai 1912. Décret portant modifications au décret du 25 mai 1910 portant règlement sur le service intérieur des corps de troupe (art. 103, 188, 189, 190, 198, 205 et 208). 15

23 juill. 1912. Décret portant modification au décret du 25 mai 1910 portant règlement sur le service intérieur des corps de troupe (art. 78). 22

25 juill. 1912. Décret portant modifications au décret du 25 mai 1910 portant règlement sur le service intérieur des corps de troupe (Règles de la subordination, art. 17, 49, 59, 67, 163, 185, 198, 226, 231 et 239)................. 24

8 sept. 1912. Décret portant modifications au décret du 25 mai 1910 portant règlement sur le service intérieur des corps de troupe (art. 18). 27

30 oct. 1912. Décret modifiant, en ce qui concerne les coopératives militaires de consommation, l'article 52 du décret du 25 mai 1910 sur le service intérieur........ 28

Erratum au décret du 25 mai 1910 sur le service intérieur des corps de troupe (art. 234)................. 30

Erratum au décret du 25 mai 1910 portant règlement sur le service intérieur des corps de troupe (art. 167). 30

TABLE ALPHABÉTIQUE.

A

Adjudants-chefs. — Dispositions du service intérieur relatives aux. 24

Artillerie. — Dispositions du service intérieur particulières à l'. 3

C

Coopératives. — Prescriptions diverses du service intérieur relatives aux. 28

D

Décès des officiers. — Avis à donner au Ministre par télégramme du. 27

Droit de punir. — Dispositions du service intérieur relatives au. 17

G

Gardes-magasins d'habillement. — Fonction des.... 4

P

Police générale des casernes. — Dispositions du service intérieur relatives à la. 16

Publications. — Conditions dans lesquelles les officiers peuvent publier des écrits. 12

Punitions. — Prescriptions générales relatives aux.... 7

Tableau indiquant le maximum des punitions qui se décomptent par jour (sous-officiers, caporaux et soldats)........ 6, 19

Punitions des officiers. 20

S

Sections spéciales. — Prescriptions diverses du service intérieur relatives aux. 8

T

Tables des officiers et des sous-officiers..... 22

Tenue. — Prescriptions diverses du service intérieur relatives à la. 11

Tenue bourgeoise. — Pour les sous-officiers.... 11

Pour les officiers. 11

Paris et Limoges. — Imprimerie militaire Henri CHARLES-LAVAUZELLE.

Imprimerie militaire
Henri CHARLES-LAVAUZELLE
PARIS ET LIMOGES